ALPHABET

DE L'ENFANT CHRÉTIEN

AVEC GRAVURES.

PARIS

F. F. ARDANT FRÈRES, LIBRAIRES,

25, quai des Augustins.

ALPHABET

DE L'ENFANT CHRÉTIEN

AVEC GRAVURES.

BIBLIA SACRA

PARIS

F. F. ARDANT FRÈRES, LIBRAIRES,

25, quai des Augustins.

A B C

D E F G

H I J K

L M N O

PQRS

TUVX

YZ.

ÆOEW

— 5 —

A a b c d e f g h i
j k l m n o p q r s
t u v x y z.

Voyelles.

a e i o u y.

Consonnes.

b c d f g h j k l m
n p q r s t v x z.

Lettres doubles.

fi ff ffi fl ffl w.

Chiffres.

1 2 3 4 5 6 7 8 9 0.

SYLLABES.

Ba be bi bo bu
Ca ce ci co cu
Da de di do du
Fa fe fi fo fu
Ga ge gi go gu
Ha he hi ho hu
Ja je ji jo ju
La le li lo lu

Ma	me	mi	mo	mu
Na	ne	ni	no	nu
Pa	pe	pi	po	pu
qua	que	qui	quo	quu
Ra	re	ri	ro	ru
Sa	se	si	so	su
Ta	te	ti	to	tu
Va	ve	vi	vo	vu
Xa	xe	xi	xo	xu
Za	ze	zi	zo	zu

LA RELIGION.

Un enfant qui ne manque jamais d'offrir son cœur à Dieu en se levant, — qui fait exactement avec attention sa prière matin et soir, — qui souvent assiste à la sainte Messe, mais qui n'y manque jamais le dimanche et les jours de fêtes, — ce très cher enfant a de la RELIGION,

ORAISON DOMINICALE.

Notre Père, qui êtes aux cieux, que votre nom soit sanctifié; que votre règne arrive; que votre volonté soit faite en la terre comme au ciel; donnez-nous aujourd'hui notre pain quotidien, et pardonnez-nous nos offenses comme nous pardonnons à ceux qui nous ont offensés; et ne nous laissez pas succomber à la tentation; mais délivrez-nous du mal. Ainsi soit-il,

SALUTATION ANGÉLIQUE.

Je vous salue, Marie, pleine de grâ-
ce; le Seigneur est avec vous; vous êtes
bénie entre toutes les femmes; et Jésus,
le fruit de votre sein, est béni.

Sainte Marie, Mère de Dieu, priez pour nous, pauvres pécheurs, maintenant et à l'heure de notre mort.

Ainsi soit-il.

SYMBOLE DES APOTRES.

Je crois en Dieu le Père tout-puissant, Créateur du ciel et de la terre, et en Jé- sus-Christ, son Fils unique, Notre-Sei- gneur, qui a été conçu du Saint-Esprit, qui est né de la Vierge Marie, qui a souf- fert sous Ponce-Pilate, qui a été crucifié, est mort et a été enseveli; qui est descendu aux enfers, et le troisième jour est ressuscité d'entre les morts; qui est monté aux cieux, qui est assis à la droite de Dieu le Père tout-puissant, d'où il viendra juger les vivants et les morts. Je crois au Saint-Esprit, la sainte Eglise catholique, la communion des Saints, la rémission des péchés, la résurrection de la chair, la vie éternelle. Ainsi soit-il.

CONFESSION DES PÉCHÉS.

Je confesse à Dieu tout-puissant, à la bienheureuse Marie toujours vierge, à saint Michel archange, à saint Jean-Baptiste, aux apôtres saint Pierre et saint Paul, à tous les Saints (et à vous, mon Père), que j'ai beaucoup péché, par pensées, par paroles et par actions. C'est ma faute, c'est ma faute, c'est ma très grande faute. C'est pourquoi je supplie la bienheureuse Marie toujours vierge, saint Michel archange, saint Jean-Baptiete, les apôtres saint Pierre et saint Paul, tous les Saints (et vous, mon Père), de prier pour moi le Seigneur notre Dieu.

PRIÈRE A L'ANGE GARDIEN.

Mon fidèle gardien et très charitable protecteur de mon corps et de mon âme, ayant heureusement passé cette journée, je vous remercie très humblement du soin que vous avez eu pour moi, de m'avoir préservé de tous les dangers et accidents funestes.

Limoges. — Typ. F. F. Ardant frères.

MARCKL

Limoges. — Imp. F. F. Ardant frères.